de school - ysgol   2
de reis - teithio   5
het transport - cludiant   8
de stad - dinas   10
het landschap - tirwedd   14
het restaurant - bwyty   17
de supermarkt - archfarchnad   20
de dranken - diodydd   22
het eten - bwyd   23
de boerderij - fferm   27
het huis - tŷ   31
de woonkamer - lolfa   33
de keuken - cegin   35
de badkamer - ystafell ymolchi   38
de kinderkamer - ystafell plentyn   42
de kleding - dillad   44
het kantoor - swyddfa   49
de economie - economi   51
de beroepen - swyddi   53
het gereedschap - offer   56
de muziekinstrumenten - offerynnau cerdd   57
de dierentuin - sŵ   59
de sport - chwaraeon   62
de activiteiten - gweithgareddau   63
de familie - teulu   67
het lichaam - corff   68
het ziekenhuis - ysbyty   72
het noodgeval - argyfwng   76
de aarde - y Ddaear   77
de klok - cloc   79
de week - wythnos   80
het jaar - blwyddyn   81
de vormen - siapiau   83
de kleuren - lliwiau   84
de tegenstellingen - cyferbyniadau   85
de getallen - rhifau   88
de talen - ieithoedd   90
wie / wat / hoe - pwy / beth / sut   91
waar - ble   92

Impressum
Verlag: BABADADA GmbH, Nedderfeld 112 , 22529 Hamburg
Geschäftsführer / Verlagsleitung. Harald Hof
Druck: Books on Demand GmbH, In de Tarpen 42, 22848 Norderstedt

Imprint
Publisher: BABADADA GmbH, Nedderfeld 112 , 22529 Hamburg, Germany
Managing Director / Publishing direction: Harald Hof
Print: Books on Demand GmbH, In de Tarpen 42, 22848 Norderstedt, Germany

de school

ysgol

het klaslokaal
ystafell ddosbarth

delen
rhannu

186 / 2

het bord
bwrdd

het schoolplein
iard ysgol

de leraar
athro

het papier
papur

schrijven
ysgrifennu

de pen
pen

het bureau
desg

de lineaal
pren mesur

het boek
llyfr

de leerling
disgybl

de schooltas

bag ysgol

de etui

blwch penseli

het potlood

pensil

de puntenslijper

peth rhoi min ar bensil

de gum

rwber

het schetsblok

pad arlunio

de tekening
llun

het penseel
brws paent

de verfdoos
blwch paent

de schaar
siswrn

de lijm
glud

het schrift
llyfr ysgrifennu

het huiswerk
gwaith cartref

12

het getal
rhif

2+2

optellen
ychwanegu

5-2

aftrekken
tynnu

2×2

vermenigvuldigen
lluosi

rekenen
cyfrlfo

A

de letter
llythyren

**ABCDEFG
HIJKLMN
OPQRSTU
VWXYZ**

het alfabet
gwyddor

hello

het woord
gair

de tekst
....
testun

lezen
....
darllen

het krijt
....
sialc

de les
....
gwers

het klassenboek
....
cofrestr

het examen
....
arholiad

het diploma
....
tystysgrif

het schooluniform
....
gwisg ysgol

de opleiding
....
addysg

de encyclopedie
....
gwyddoniadur

de universiteit
....
prifysgol

de microscoop
....
microsgop

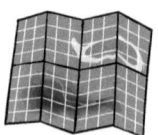

de kaart
....
map

de prullenmand
....
basged papur gwastraff

de reis
teithio

Grand
het hotel
gwesty
het hostel
hostel
ROOMS
EXCHANGE
het wisselkantoor
swyddfa gyfnewid
de koffer
cês dillad
de auto
car

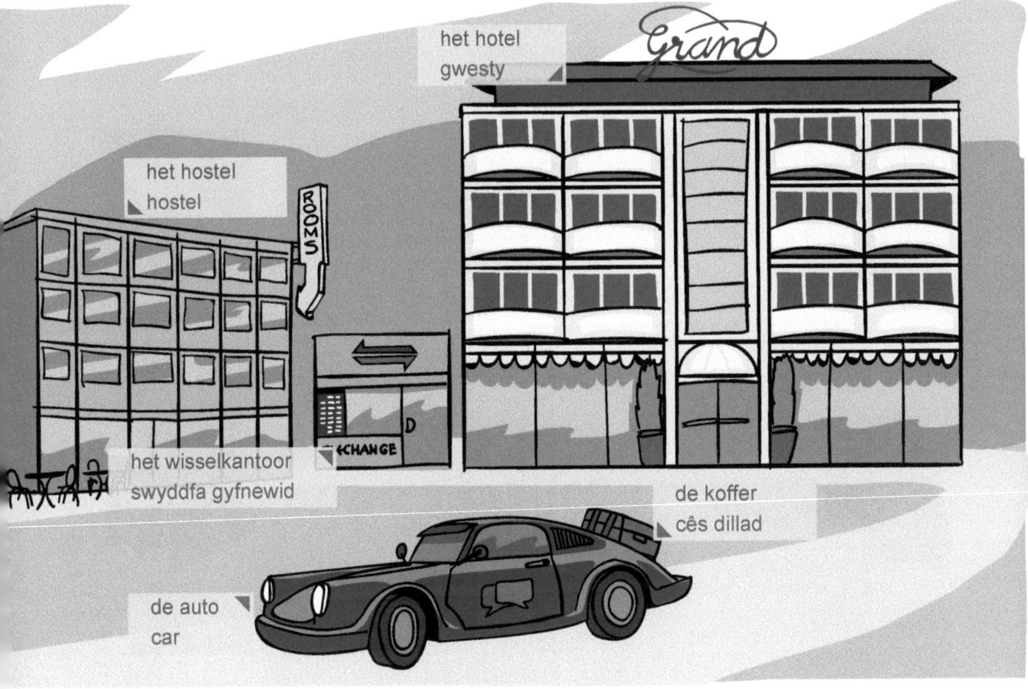

de taal

iaith

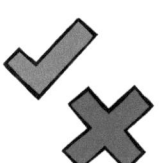

ja / nee

ie / na

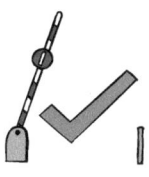

oké

iawn

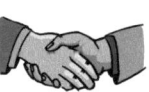

Hallo!

helo

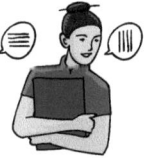

de tolk

cyfieithydd

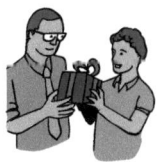

Bedankt.

Diolch yn fawr

Wat kost ...?

faint yw ...?

Ik begrijp het niet.

Dw i ddim yn deall

het probleem

problem

Goedenavond!

Noswaith dda!

Goedemorgen!

Bore da!

Goedenacht!

Nos da!

Tot ziens!

hwyl

de richting

cyfarwyddyd

de bagage

bagiau

de tas

bag

de rugzak

gwarbac

de gast

gwestai

de kamer

ystafell

de slaapzak

sach gysgu

de tent

pabell

de reis - teithio

het VVV-kantoor

gwybodaeth i ymwelwyr

het strand

traeth

de creditkaart

cerdyn credyd

het ontbijt

brecwast

de lunch

cinio

het diner

swper

het kaartje

tocyn

de lift

lifft

de postzegel

stamp

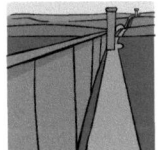

de grens

ffin

de douane

tollau

de ambassade

llysgenhadaeth

het visum

fisa

het paspoort

pasbort

het transport
cludiant

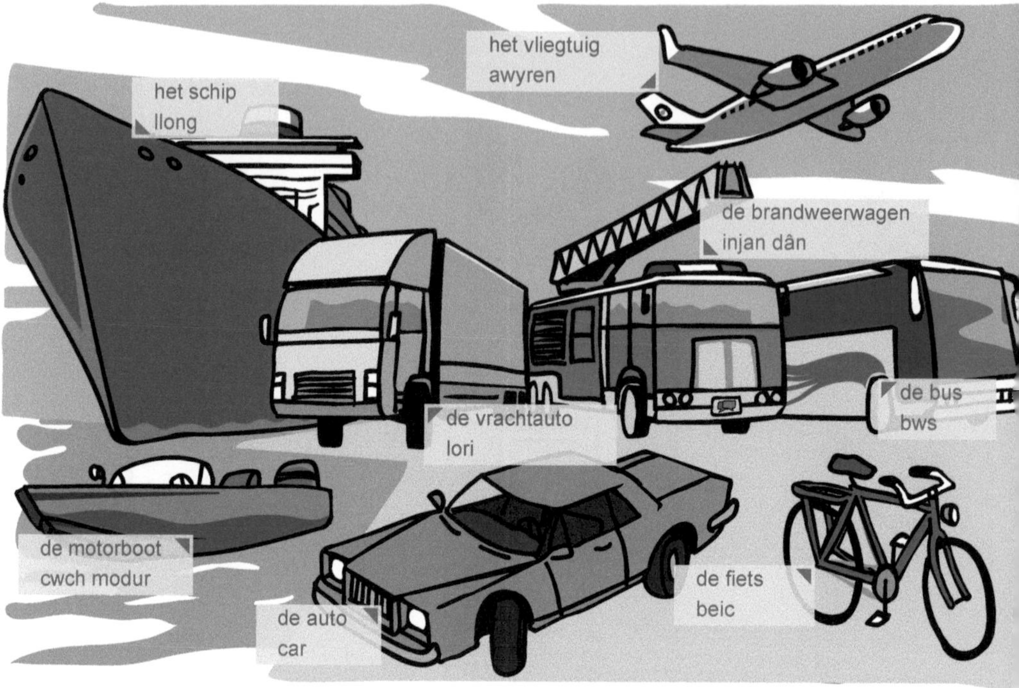

het vliegtuig
awyren
het schip
llong
de brandweerwagen
injan dân
de bus
bws
de vrachtauto
lori
de motorboot
cwch modur
de fiets
beic
de auto
car

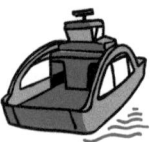

de veerboot
fferi

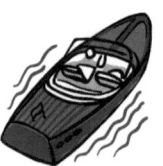

de boot
cwch

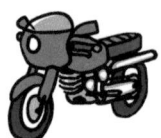

de motorfiets
beic modur

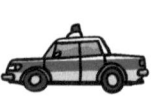

de politiewagen
car yr heddlu

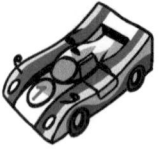

de raceauto
car rasio

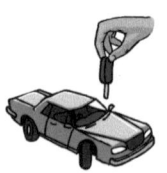

de huurauto
car wedi'i rentu

de carsharing

rhannu car

de takelwagen

lori tynnu

de vuilniswagen

lori ysbwriel

de motor

modur

de benzine

tanwydd

de benzinepomp

gorsaf betrol

het verkeersbord

arwydd traffig

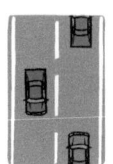

het verkeer

traffig

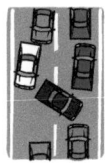

de file

tagfa draffig

de parkeerplaats

maes parcio

het station

gorsaf drennau

de rails

traciau

de trein

trên

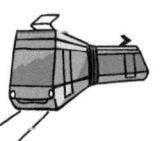

de tram

tram

de wagon

wagen

de helikopter

hofrennydd

de luchthaven

maes awyr

de toren

tŵr

de passagier

teithiwr

de container

cynhwysydd

de verhuisdoos

paced

de kar

cert

de mand

basged

opstijgen / landen

esgyn / glanio

de stad

dinas

het dorp

pentref

het stadscentrum

canol y ddinas

het huis

tŷ

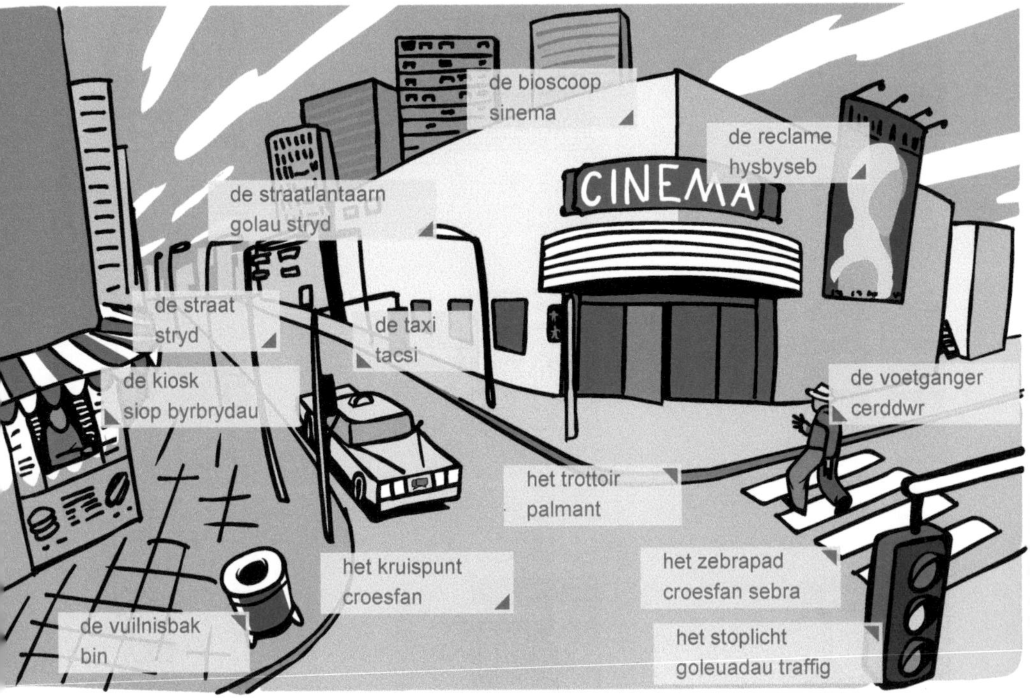

de bioscoop
sinema
de reclame
hysbyseb
CINEMA
de straatlantaarn
golau stryd
de straat
stryd
de taxi
tacsi
de kiosk
siop byrbrydau
de voetganger
cerddwr
het trottoir
palmant
het kruispunt
croesfan
het zebrapad
croesfan sebra
de vuilnisbak
bin
het stoplicht
goleuadau traffig

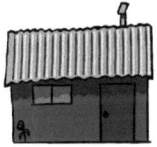

de hut

cwt

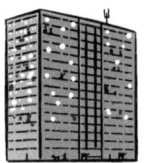

het appartement

fflat

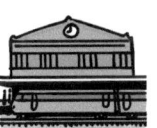

het station

gorsaf drennau

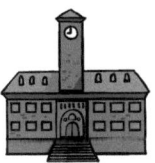

het stadhuis

neuadd y dref

MUSEUM

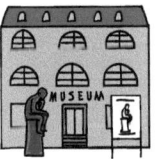

het museum

amgueddfa

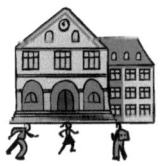

de school

ysgol

de universiteit

prifysgol

de bank

banc

het ziekenhuis

ysbyty

het hotel

gwesty

de apotheek

fferyllfa

het kantoor

swyddfa

de boekenwinkel

siop lyfrau

de winkel

siop

de bloemenwinkel

siop flodau

de supermarkt

archfarchnad

de markt

farchnad

het warenhuis

siop adrannol

de visboer

siop bysgod

het winkelcentrum

canolfan siopa

de haven

harbwr

het park
....
parc

de bank
....
banc

de brug
....
pont

de trap
....
grisiau

de metro
....
rheilffordd danddaearol

de tunnel
....
twnnel

de bushalte
....
safle bws

de bar
....
bar

het restaurant
....
bwyty

de brievenbus
....
blwch post

het straatnaambord
....
arwydd stryd

de parkeermeter
....
mesurydd parcio

de dierentuin
....
sŵ

het zwembad
....
pwll nofio

de moskee
....
mosg

de boerderij

fferm

de vervuiling

llygredd

de begraafplaats

mynwent

de kerk

eglwys

de speelplaats

maes chwarae

de tempel

teml

het landschap

tirwedd

het blad
deilen

de wegwijzer
arwydd cyfeirio

de weg
ffordd

de weide
dôl

de steen
carreg

de boom
coeden

de wandelaar
heiciwr

de rivier
afon

het gras
glaswellt

de bloem
blodyn

de vallei
cwm

de berg
bryn

het meer
llyn

het bos
coedwig

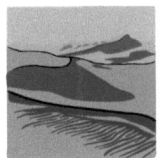

de woestijn
anialwch

de vulkaan
llosgfynydd

het kasteel
castell

de regenboog
enfys

de paddenstoel
madarchen

de palmboom
palmwydden

de mug
mosgito

de vlieg
pryf

de mier
morgrugyn

de bij
gwenyn

de spin
pryf copyn

de kever

chwilen

de kikker

llyffant

de eekhoorn

gwiwer

de egel

draenog

de haas

ysgyfarnog

de uil

tylluan

de vogel

aderyn

de zwaan

alarch

het wild zwijn

baedd

het hert

carw

de eland

elc

de stuwdam

argae

de windmolen

tyrbin gwynt

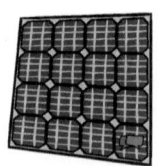

het zonnepaneel

panel haul

het klimaat

hinsawdd

het restaurant
bwyty

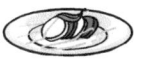

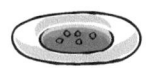

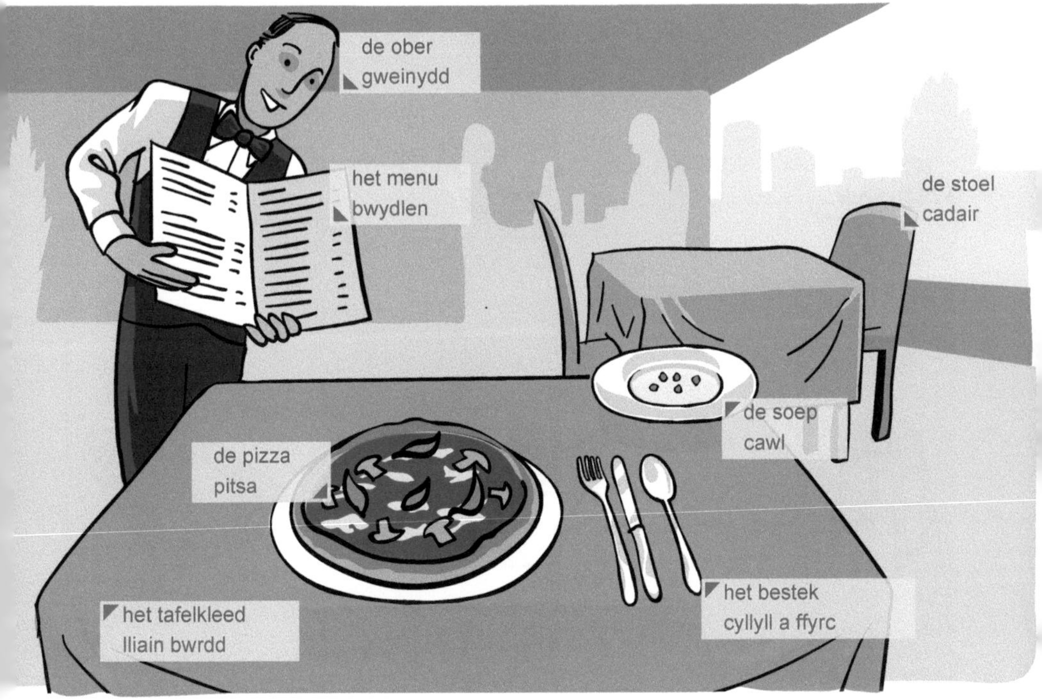
de ober
gweinydd
het menu
bwydlen
de stoel
cadair
de soep
cawl
de pizza
pitsa
het bestek
cyllyll a ffyrc
het tafelkleed
lliain bwrdd

het voorgerecht
cwrs cyntaf

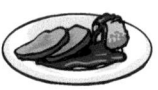

het hoofdgerecht
prif gwrs

het toetje
pwdin

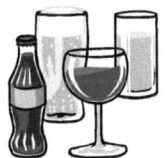

de dranken
diodydd

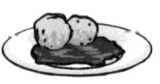

het eten
bwyd

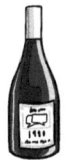

de fles
potel

de/het fastfood

bwyd cyflym

het eetkraampje

bwyd y stryd

de theepot

tebot

de suikerpot

powlen siwgr

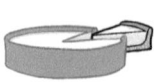

de portie

dogn

de espressomachine

peiriant espresso

de kinderstoel

cadair plentyn

de rekening

bil

het dienblad

hambwrdd

het mes

cyllell

de vork

fforc

de lepel

llwy

de theelepel

llwy de

het servet

napcyn

het glas

gwydr

het bord
....
plât

het soepbord
....
plât cawl

de schotel
....
soser

de saus
....
saws

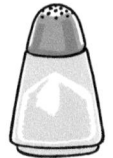

het zoutvaatje
....
pot halen

de pepermolen
....
melin bupur

de azijn
....
finegr

de olie
....
olew

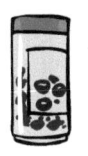

de kruiden
....
sbeisys

de ketchup
....
saws coch

de mosterd
....
mwstard

de mayonaise
....
mayonnaise

de supermarkt
archfarchnad

de aanbieding
cynnig arbennig

de klant
cwsmer

de zuivelproducten
cynnyrch llaeth

het fruit
ffrwythau

de winkelwagen
troli

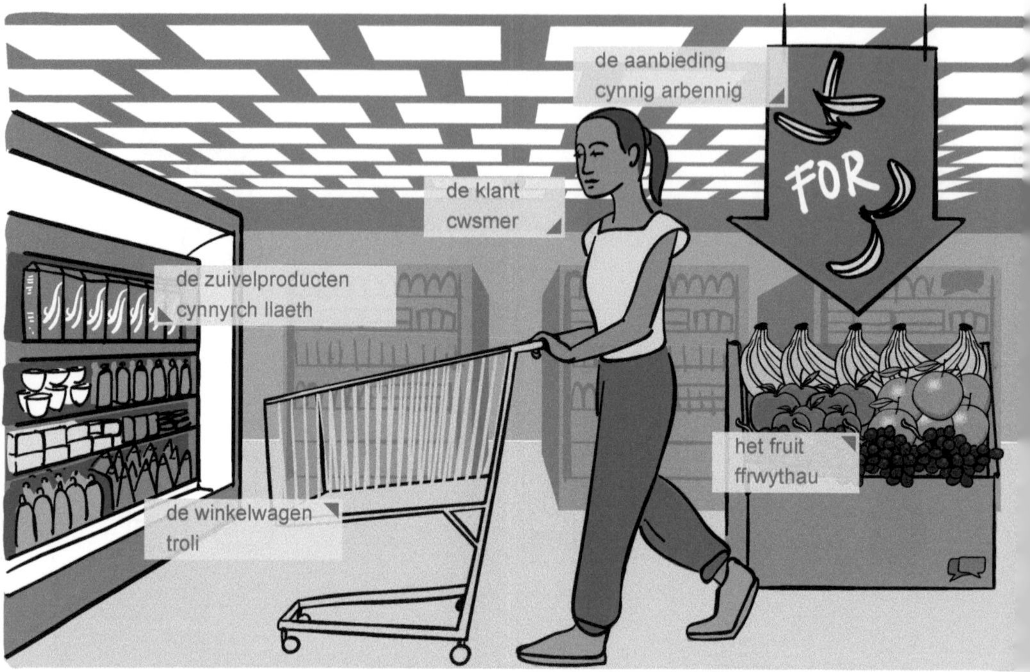

de slager

siop gig

de bakkerij

siop fara

wegen

pwyso

de groente

llysiau

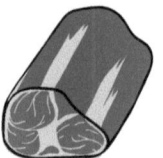

het vlees

cig

de diepvriesproducten

Bwyd wedi'i rewi

de supermarkt - archfarchnad

de vleeswaren

cig oer

de conserven

bwyd tun

het wasmiddel

powdr golchi

het snoepgoed

da-da

de huishoudelijke artikelen

cynnyrch cartref

het schoonmaakmiddel

cynhyrchion glanhau

de verkoopster

gwerthwraig

de kassa

til

de kassier

ariannwr

het boodschappenlijstje

rhestr siopa

de openingstijden

oriau agor

de portefeuille

waled

de creditkaart

cerdyn credyd

de tas

bag

de plastic zak

bag plastig

het water

dŵr

het sap

sudd

de melk

llefrith

de cola

côc

de wijn

gwin

het bier

cwrw

de alcohol

alcohol

de chocolademelk

coco

de thee

te

de koffie

coffi

de espresso

espresso

de cappuccino

cappuccino

de banaan

ffrwchledd

de appel

afal

de sinaasappel

oren

de watermeloen

melon

de citroen

lemwn

de wortel

moronen

de knoflook

garlleg

de bamboe

bambŵ

de ui

nionyn

de paddenstoel

madarchen

de noten

cnau

de pasta

nwdls

de spaghetti

sbageti

de rijst

reis

de salade

salad

de friet

sglodion

de gebakken aardappelen

tatws wedi'u ffrïo

de pizza

pitsa

de hamburger

hambyrger

de sandwich

brechdan

de schnitzel

cytled

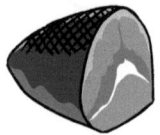

de ham

ham

de salami

salami

de worst

selsig

de kip

cyw iâr

het gebraad

rhost

de vis

pysgodyn

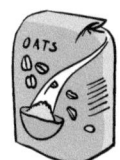

de havermout

ceirch uwd

de muesli

miwsli

de cornflakes

creision ŷd

het meel

blawd

de croissant

croissant

de broodjes

bynsen

het brood

bara

de toast

tost

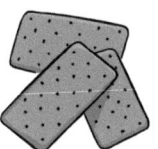

de koekjes

bisgedi

de boter

menyn

de kwark

ceuled

de taart

teisen

het ei

wy

het gebakken ei

wy wedi'i ffrïo

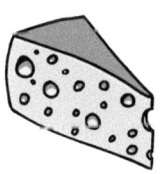

de kaas

caws

het ijs

hufen iâ

de suiker

siwgr

de honing

mêl

de jam

jam

de chocoladepasta

siocled taenu

de kerrie

cyri

de boerderij
fferm

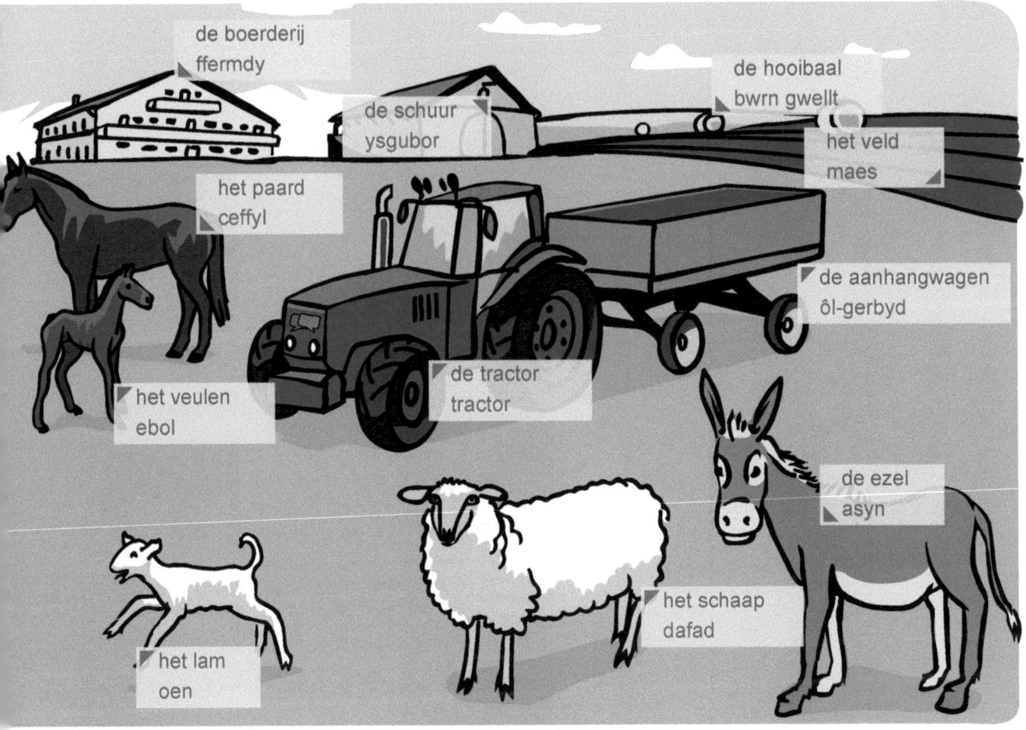

de boerderij
ffermdy
de schuur
ysgubor
de hooibaal
bwrn gwellt
het veld
maes
het paard
ceffyl
de aanhangwagen
ôl-gerbyd
de tractor
tractor
het veulen
ebol
de ezel
asyn
het schaap
dafad
het lam
oen

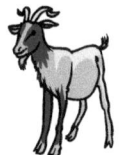

de geit

gafr

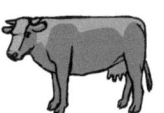

de koe

buwch

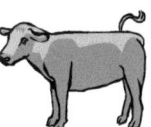

het kalf

llo

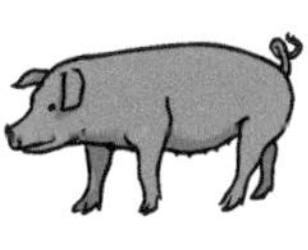

het varken

mochyn

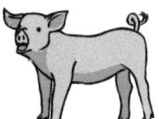

de big

porchell

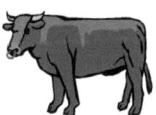

de stier

tarw

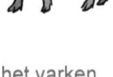

de gans

gwydd

de eend

hwyaden

het kuiken

cyw

de kip

iâr

de haan

ceiliog

de rat

llygoden fawr

de kat

cath

de muis

llygoden

de os

ych

de hond

ci

het hondenhok

cwt ci

de tuinslang

pibell ddŵr

de gieter

can dŵr

de zeis

pladur

de ploeg

aradr

de sikkel

cryman

de schoffel

fforch chwynu

de hooivork

picwarch

de bijl

bwyell

de kruiwagen

berfa

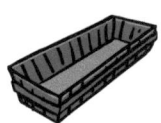

de trog

cafn

de melkbus

tun llefrith

de zak

sach

het hek

ffens

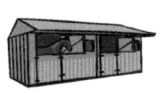

de stal

stabl

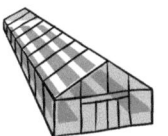

de broeikas

tŷ gwydr

de grond

pridd

het zaad

hedyn

de mest

gwrtaith

de maaidorser

dyrnwr medi

oogsten

cynaeafu

de oogst

cynhaeaf

de yam

iamau

de tarwe

gwenith

de soja

soi

de aardappel

tysen

de maïs

grawn

het koolzaad

had rêp

de fruitboom

coeden ffrwythau

de maniok

manioc

de granen

grawnfwydydd

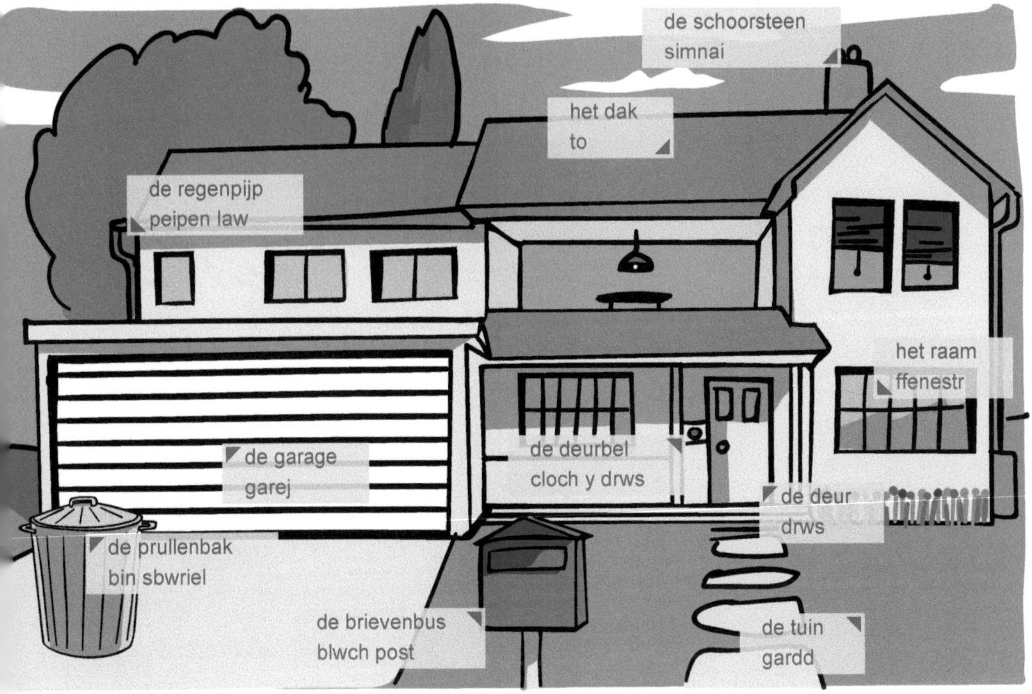

de schoorsteen
simnai

het dak
to

de regenpijp
peipen law

het raam
ffenestr

de garage
garej

de deurbel
cloch y drws

de deur
drws

de prullenbak
bin sbwriel

de brievenbus
blwch post

de tuin
gardd

de woonkamer
lolfa

de badkamer
ystafell ymolchi

de keuken
cegin

de slaapkamer
ystafell wely

de kinderkamer
ystafell plentyn

de eetkamer
ystafell fwyta

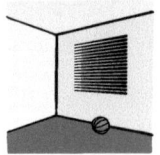

de vloer
....
llawr

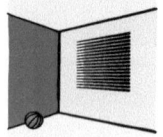

de muur
....
wal

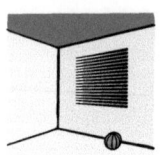

het plafond
....
nenfwd

de kelder
....
seler

de sauna
....
sawna

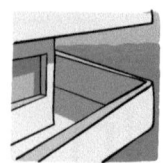

het balkon
....
balconi

het terras
....
teras

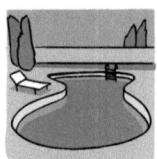

het zwembad
....
pwll

de grasmaaier
....
peiriant torri gwair

het laken
....
taflen

de bedsprei
....
gorchudd gwely

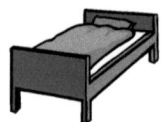

het bed
....
gwely

de bezem
....
ysgub

de emmer
....
bwced

de schakelaar
....
swits

de woonkamer
lolfa

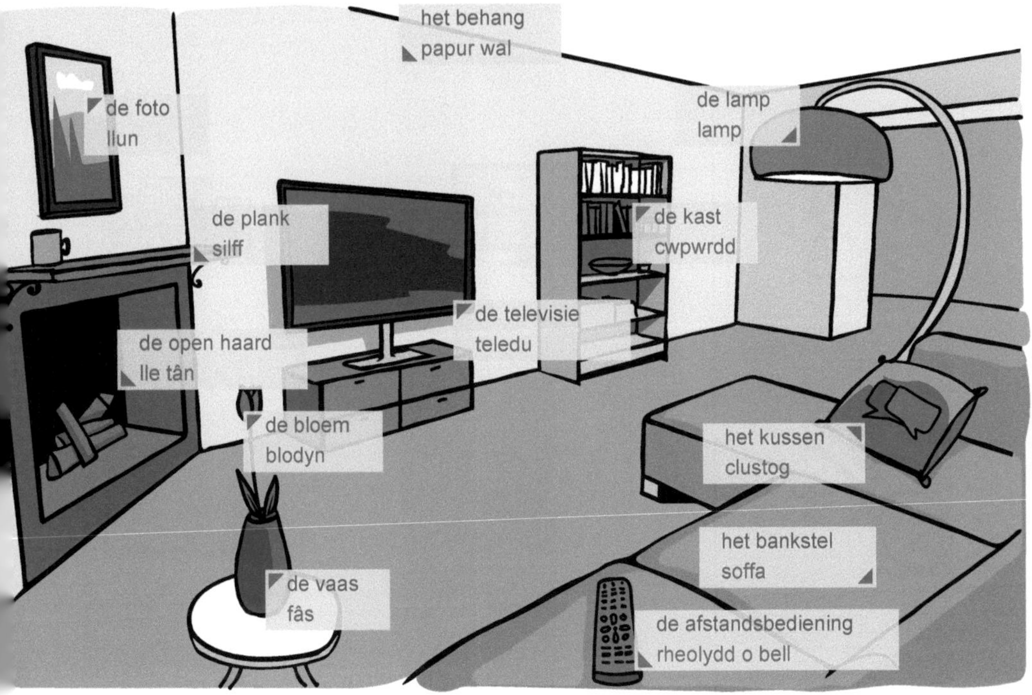
het behang
papur wal
de foto
llun
de lamp
lamp
de plank
silff
de kast
cwpwrdd
de televisie
teledu
de open haard
lle tân
de bloem
blodyn
het kussen
clustog
het bankstel
soffa
de vaas
fâs
de afstandsbediening
rheolydd o bell

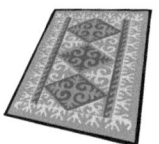

het tapijt
carped

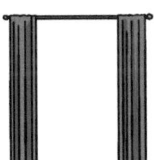

het gordijn
llen

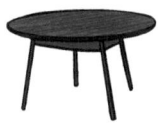

de tafel
bwrdd

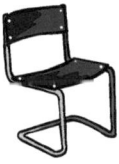

de stoel
cadair

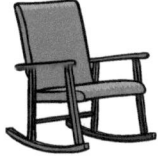

de schommelstoel
cadair siglo

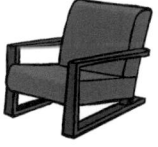

de stoel
cadair freichiau

het boek

llyfr

de deken

blanced

de decoratie

addurn

het brandhout

coed tân

de film

ffilm

de stereo-installatie

hi-fi

de sleutel

agoriad

de krant

papur newydd

het schilderij

darlun

de poster

poster

de radio

radio

het kladblok

llyfr nodiadau

de stofzuiger

hwfer

de cactus

cactws

de kaars

cannwyll

de keuken
cegin

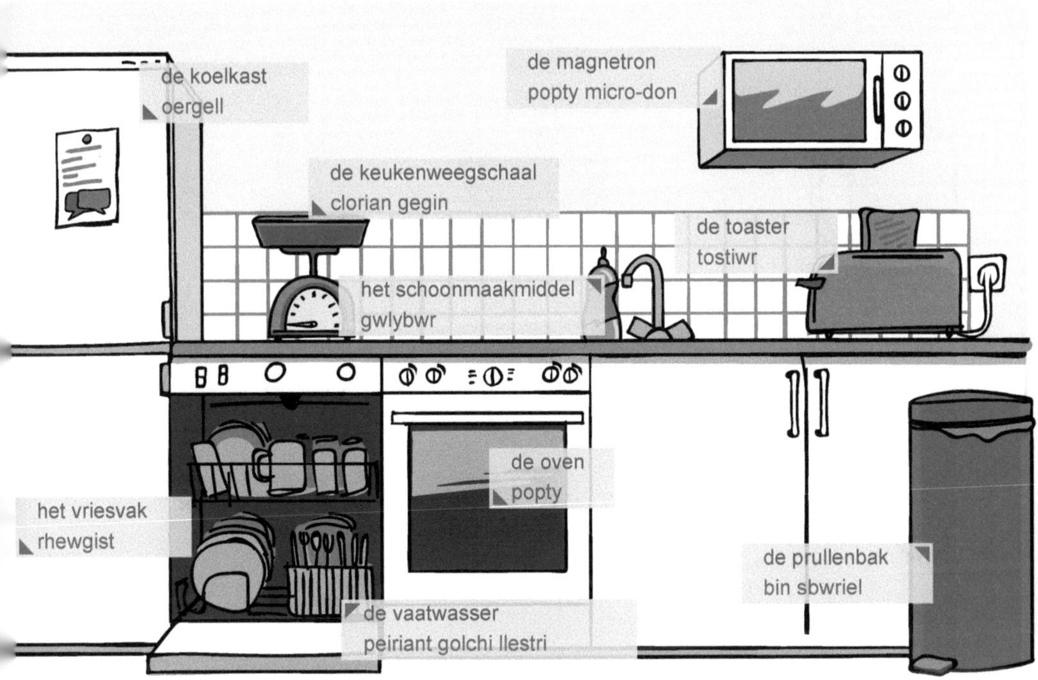
de koelkast
oergell
de magnetron
popty micro-don
de keukenweegschaal
clorian gegin
de toaster
tostiwr
het schoonmaakmiddel
gwlybwr
de oven
popty
het vriesvak
rhewgist
de prullenbak
bin sbwriel
de vaatwasser
peiriant golchi llestri

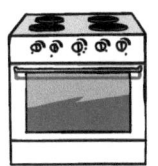

het fornuis
popty

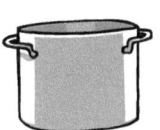

de pan
pot

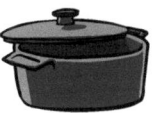

de gietijzeren pan
pot haearn bwrw

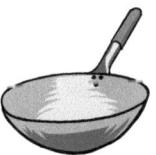

de wok / kadai
wok / kadai

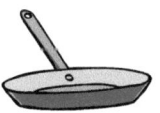

de koekenpan
padell

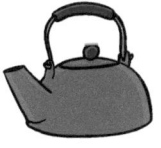

de ketel
tegell

de stoomkoker

sosban stemio

de bakplaat

hambwrdd pobi

het servies

llestri

de beker

mwg

de kom

powlen

de eetstokjes

gweill bwyta

de soeplepel

lletwad

de spatel

ysbodol

de garde

chwisg

het vergiet

hidlydd

de zeef

gogr

de rasp

gratiwr

de vijzel

morter

de barbecue

barbeciw

de vuurhaard

tân agored

de snijplank

bwrdd torri cig

de deegroller

rholbren

de kurkentrekker

tynnwr corcyn

het blik

tun

de blikopener

peth agor tuniau

de pannenlap

clwt pot

de wasbak

sinc

de borstel

brws

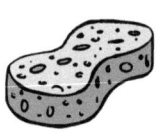

de spons

sbwng

de blender

peiriant cymysgu

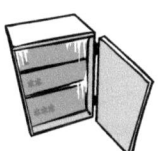

de vriezer

rhewgell

het babyflesje

potel babi

de kraan

tap

de badkamer

ystafell ymolchi

de verwarming
gwres
de handdoek
tywel
de douche
cawod
het douchegordijn
llen gawod
het bubbelbad
baddon ewyn
het bad
baddon
het glas
gwydr
de wasmachine
peiriant golchi
de kraan
tap
de tegels
teils
het potje
potyn
de wasbak
sinc

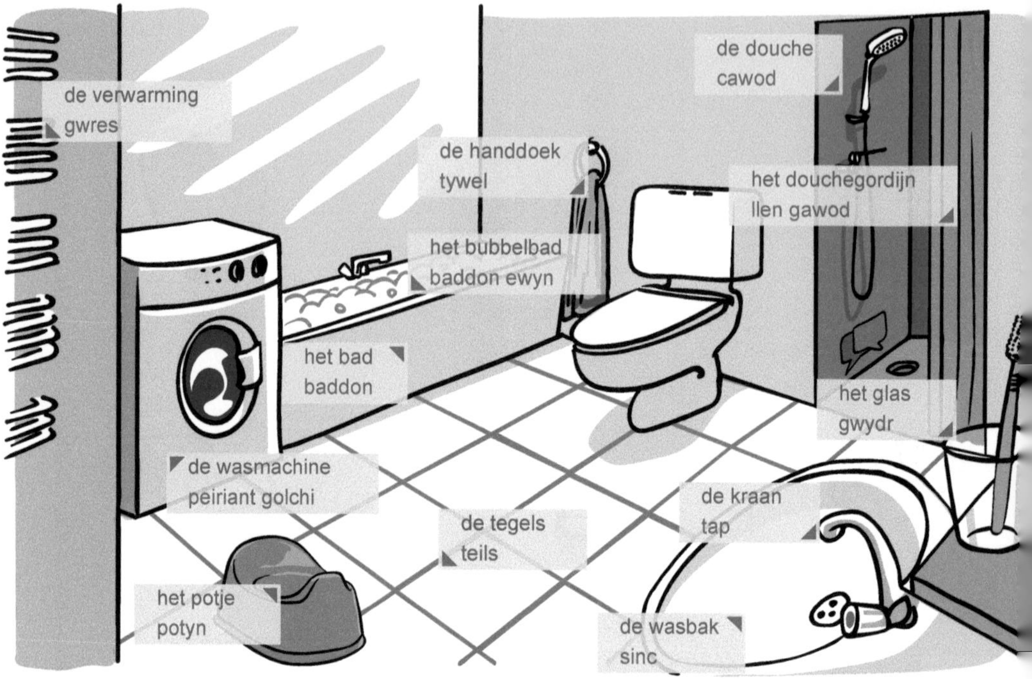

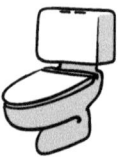

het toilet

tŷ bach

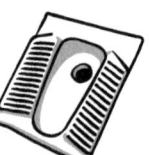

het hurktoilet

toiled cyrcydu

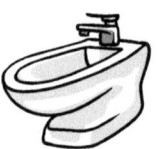

de/het bidet

bidet

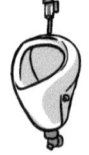

het urinoir

troethfa

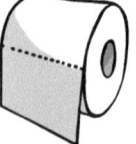

het toiletpapier

papur tŷ bach

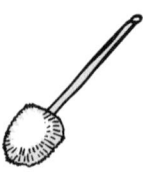

de toiletborstel

brws tŷ bach

de tandenborstel

brws dannedd

de tandpasta

past dannedd

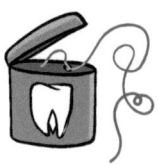

het flosdraad

edau ddannedd

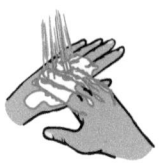

wassen

golchi

de handdouche

cawod llaw

de toiletdouche

golchfa

de waskom

basn

de rugborstel

brws-ôl

de zeep

sebon

de douchegel

gel cawod

de shampoo

siampŵ

het washandje

gwlanen

de afvoer

ffos

de creme

hufen

de deodorant

diaroglydd

de spiegel
drych

de make-upspiegel
drych llaw

het scheermes
rasel

het scheerschuim
ewyn eillio

de aftershave
sent eillio

de kam
crib

de borstel
brws

de haardroger
sychwr gwallt

de haarspray
chwistrell gwallt

de make-up
colur

de lippenstift
minlliw

de nagellak
farnais ewinedd

de watten
gwlân cotwm

het nagelschaartje
siswrn ewinedd

de/het parfum
persawr

de toilettas

bag ymolchi

de kruk

stôl

de weegschaal

clorian

de badjas

gŵn baddon

de rubber handschoenen

menig rwber

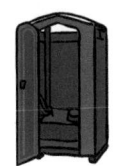

de tampon

tampon

het maandverband

tywel misglwyf

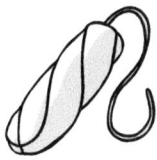

het chemisch toilet

toiled cemegol

de kinderkamer
ystafell plentyn

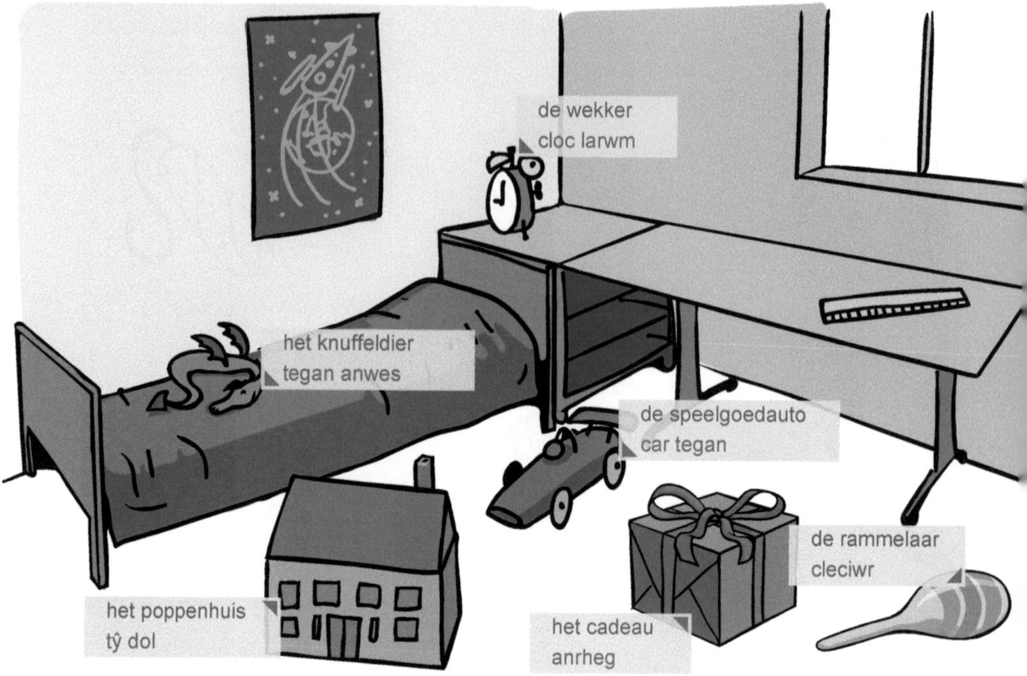

de wekker
cloc larwm

het knuffeldier
tegan anwes

de speelgoedauto
car tegan

de rammelaar
cleciwr

het poppenhuis
tŷ dol

het cadeau
anrheg

de ballon

balŵn

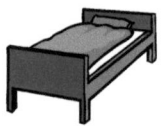

het bed

gwely

de kinderwagen

pram

het kaartspel

pecyn o gardiau

de puzzel

jig-so

het stripverhaal

comic

de legostenen

brics Lego

de speelgoedblokken

blociau adeiladu

het actiefiguurtje

ffigur gweithredu

de romper

babygro

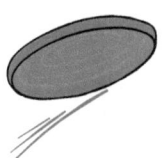

de frisbee

ffrisbi

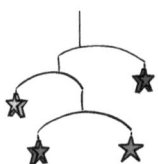

de/het mobile

ffôn symudol

het bordspel

gêm fwrdd

de dobbelsteen

deis

de modeltrein

set model trên

de speen

teth lwgu

het feestje

parti

het prentenboek

llyfr lluniau

de bal

pêl

de pop

dol

spelen

chwarae

de zandbak

pwll tywod

de schommel

swing

het speelgoed

teganau

de spelcomputer

consol gemau fideo

de driewieler

beic tair olwyn

de teddybeer

tedi

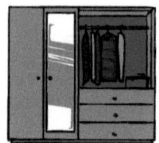

de kleerkast

cwpwrdd dillad

de kleding
dillad

de sokken

hosanau

de kousen

hosanau

de panty

teits

de sjaal
sgarff

de paraplu
ymbarél

het T-shirt
crys-t

de riem
gwregys

de sportschoenen
esidiau ymarfer

de laarzen
esgidiau

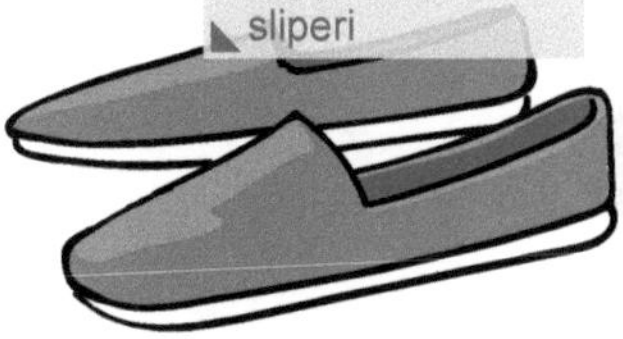

de pantoffels
sliperi

de sandalen

sandalau

de schoenen

esgidiau

de rubberlaarzen

esgidiau rwber

de onderbroek

trôns

de beha

bra

het onderhemd

fest

de body

corff

de broek

trowsus

de spijkerbroek

jîns

de rok

sgert

de blouse

blows

het overhemd

crys

de trui

pwlofer

de hoody

hwdi

de blazer

blaser

de jas

siaced

de mantel

côt

de regenjas

côt law

het kostuum

gwisg

de jurk

gŵn

de trouwjurk

gwisg briodas

het pak

siwt

het nachthemd

gŵn nos

de pyjama

pyjamas

de sari

sari

de hoofddoek

sgarff pen

de tulband

tyrban

de boerka

bwrca

de kaftan

cafftan

de abaja

abaya

het zwempak

gwisg nofio

de zwembroek

trowsus nofio

de korte broek

siorts

het trainingspak

tracwisg

de/het schort

ffedog

de handschoenen

menig

de knoop

botwm

de bril

sbectol

de armband

breichled

de ketting

cadwyn

de ring

modrwy

de oorbel

clustdlws

de pet

cap

de kledinghanger

cambren

de hoed

het

de stropdas

tei

de rits

sip

de helm

helmed

de bretels

fframiau danedd

het schooluniform

gwisg ysgol

het uniform

gwisg

het slabbetje
bib

de speen
teth lwgu

de luier
cewyn

het kantoor
swyddfa

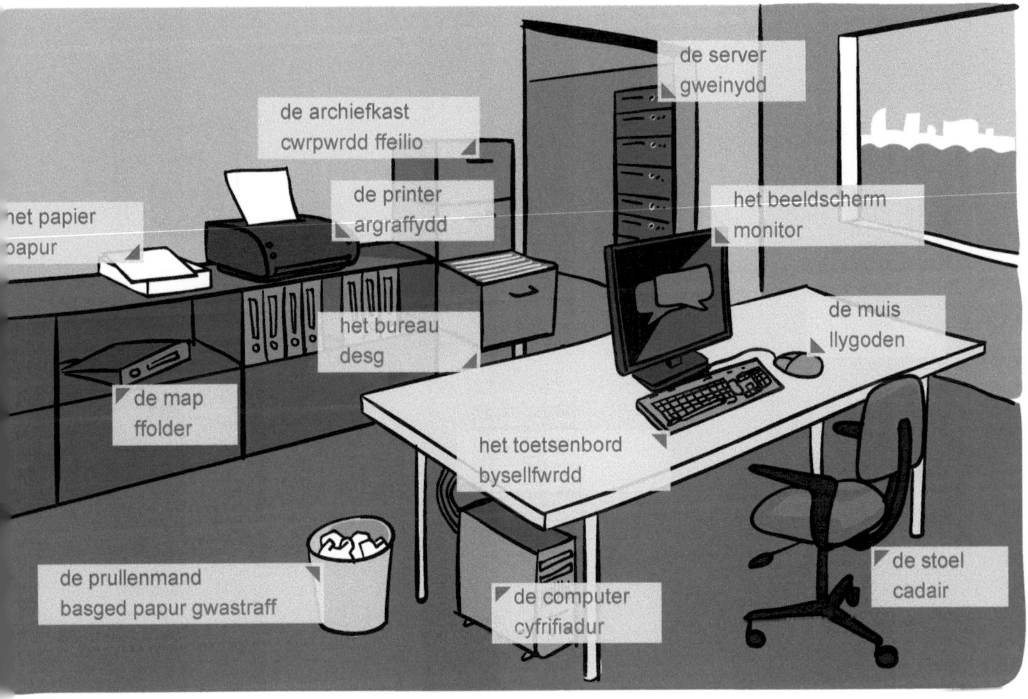

de server
gweinydd

de archiefkast
cwrpwrdd ffeilio

het papier
papur

de printer
argraffydd

het beeldscherm
monitor

de muis
llygoden

het bureau
desg

de map
ffolder

het toetsenbord
bysellfwrdd

de prullenmand
basged papur gwastraff

de computer
cyfrifiadur

de stoel
cadair

de koffiemok
mwg coffi

de rekenmachine
cyfrifiannell

het internet
rhyngrwyd

de laptop

gliniadur

de brief

llythyr

het bericht

neges

de mobiele telefoon

ffôn symudol

het netwerk

rhwydwaith

de kopieermachine

llungopïwr

de software

meddalwedd

de telefoon

teleffon

het stopcontact

soced plwg

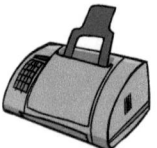

de fax

peiriant ffacs

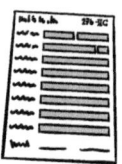

het formulier

ffurflen

het document

dogfen

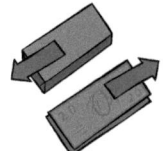

kopen
....
prynu

betalen
....
talu

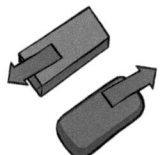

handel drijven
....
masnachu

het geld
....
arian

de dollar
....
doler

de euro
....
ewro

de yen
....
yen

de roebel
....
rwbl

de Zwitserse frank
....
ffranc y Swistir

de renminbi yuan
....
yuan renminbi

de roepie
....
rwpi

de geldautomaat
....
peiriant arian

het wisselkantoor

swyddfa gyfnewid

het goud

aur

het zilver

arian

de olie

olew

de energie

ynni

de prijs

pris

het contract

contract

de belasting

treth

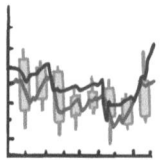

het aandeel

stoc

werken

gweithio

de werknemer

cyflogai

de werkgever

cyflogwr

de fabriek

ffatri

de winkel

siop

de beroepen
swyddi

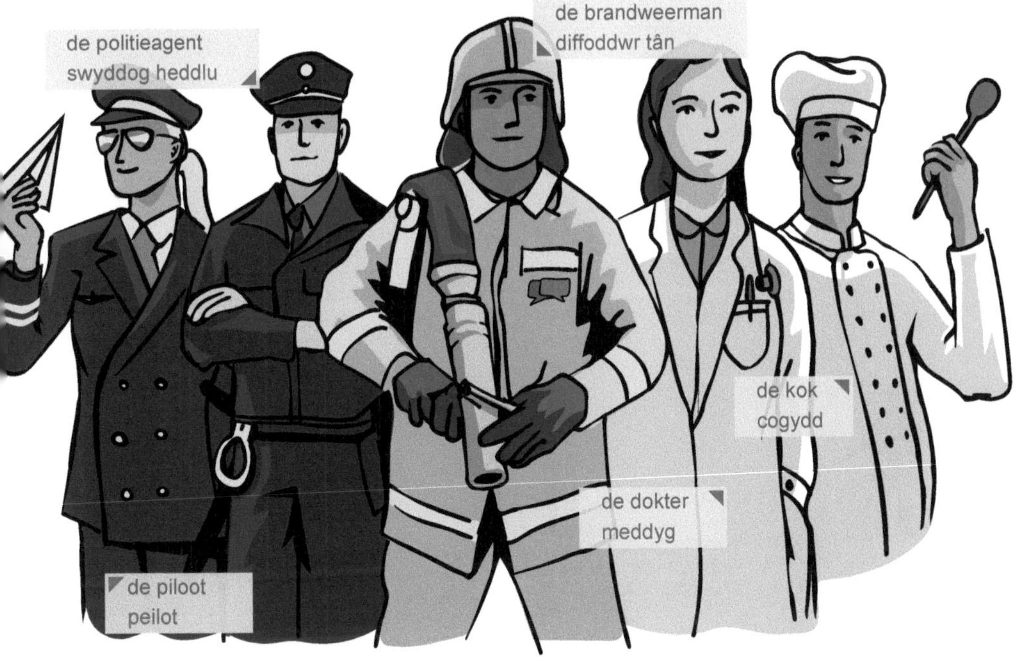

de politieagent
swyddog heddlu
de brandweerman
diffoddwr tân
de kok
cogydd
de dokter
meddyg
de piloot
peilot

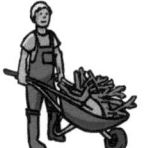

de tuinman

garddwr

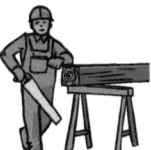

de timmerman

saer

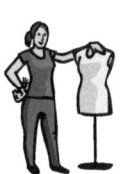

de naaister

gwniadwraig

de rechter

barnwr

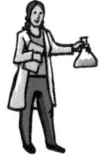

de scheikundige

fferyllydd

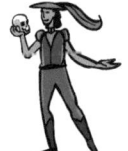

de toneelspeler

actor

de buschauffeur

gyrrwr bws

de taxichauffeur

gyrrwr tacsi

de visser

pysgotwr

de schoonmaakster

glanhawraig

de dakdekker

töwr

de ober

gweinydd

de jager

heliwr

de schilder

paentiwr

de bakker

pobydd

de elektricien

trydanwr

de bouwvakker

adeiladwr

de ingenieur

peiriannydd

de slager

cigydd

de loodgieter

plymiwr

de postbode

dyn y post

de soldaat

milwr

de architect

pensaer

de kassier

ariannwr

de bloemist

gwerthwr blodau

de kapper

triniwr gwallt

de conducteur

archwiliwr tocynnau
rheilffordd

de monteur

mecanydd

de kapitein

capten

de tandarts

deintydd

de wetenschapper

gwyddonydd

de rabbi

rabi

de imam

imam

de monnik

mynach

de pastoor

clerigwr

het gereedschap
offer

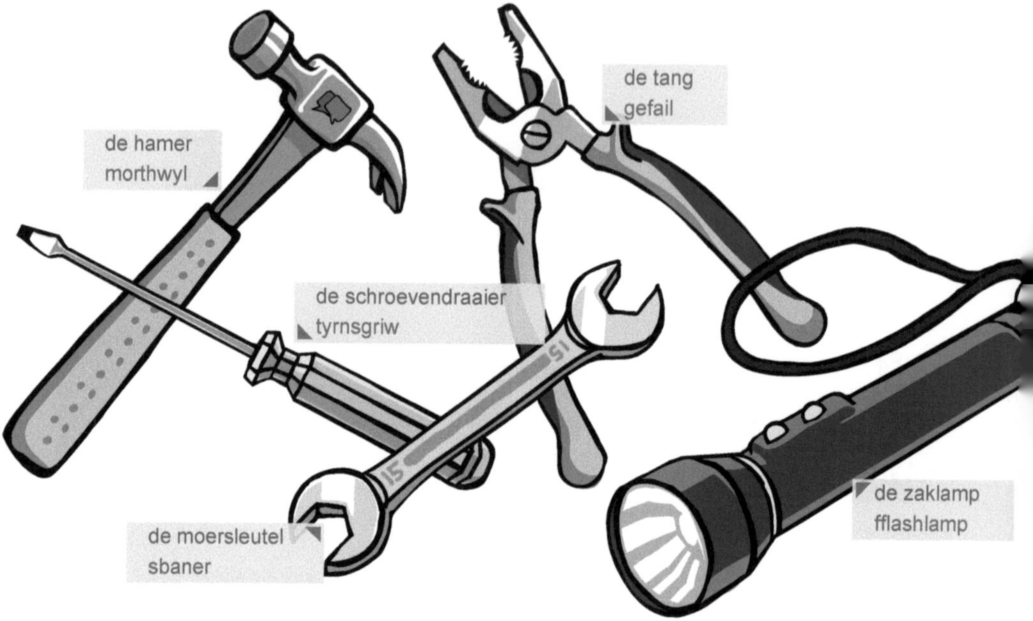
de hamer
morthwyl
de tang
gefail
de schroevendraaier
tyrnsgriw
de zaklamp
fflashlamp
de moersleutel
sbaner

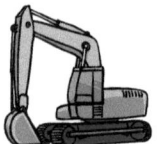

de graafmachine

turiwr

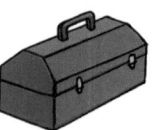

de gereedschapskist

blwch offer

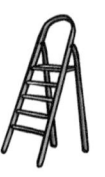

de ladder

ysgol

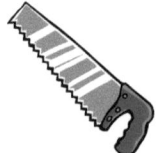

de zaag

llif

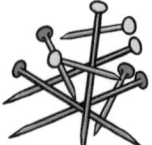

de spijkers

hoelion

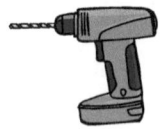

de boor

dril

repareren

trwsio

de schep

rhaw

Verdorie!

Daria!

het stofblik

rhaw lwch

de verfpot

pot paent

de schroeven

sgriwiau

de muziekinstrumenten
offerynnau cerdd

het drumstel
set drymiau

de luidspreker
uchelseinydd

de gitaar
gitâr

de contrabas
bas dwbl

de trompet
trwmped

de piano

piano

de viool

ffidil

de bas

bas

de pauk

timpani

de trommel

drymiau

het keyboard

cyweirfwrdd

de saxofoon

sacsoffon

de fluit

ffliwt

de microfoon

meicroffon

de dierentuin

sŵ

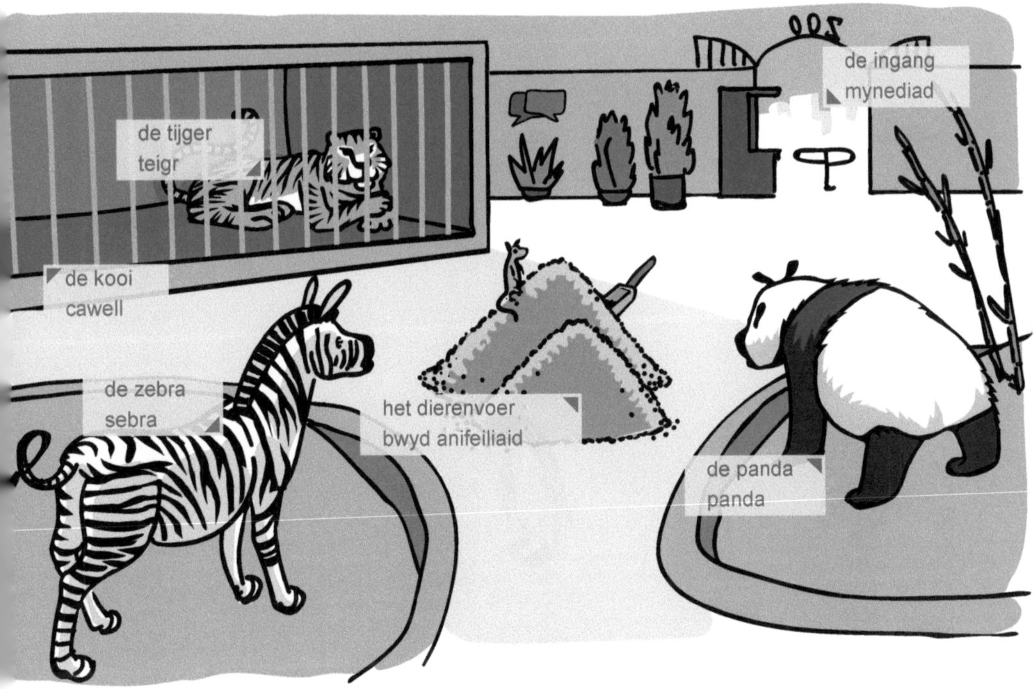
de tijger
teigr
de ingang
mynediad
de kooi
cawell
de zebra
sebra
het dierenvoer
bwyd anifeiliaid
de panda
panda

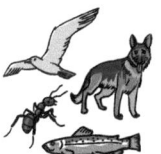

de dieren

anifeiliaid

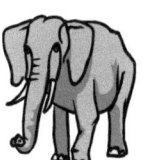

de olifant

eliffant

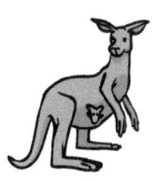

de kangoeroe

cangarŵ

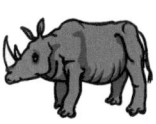

de neushoorn

rhinoseros

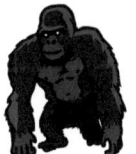

de gorilla

gorila

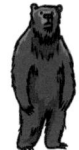

de beer

arth

de kameel
camel

de struisvogel
estrys

de leeuw
llew

de aap
mwnci

de flamingo
fflamingo

de papegaai
parot

de ijsbeer
arth wen

de pinguïn
pengwin

de haai
siarc

de pauw
paun

de slang
neidr

de krokodil
crocodeil

de dierenverzorger
gofalwr sŵ

de zeehond
morlo

de jaguar
jagwar

de pony

merlyn

de/het luipaard

llewpard

het nijlpaard

hipo

de giraffe

jiráff

de adelaar

eryr

het wild zwijn

baedd

de vis

pysgodyn

de schildpad

crwban

de walrus

walrws

de vos

llwynog

de gazelle

gafrewig

American football
pêl-droed America

wielrennen
beicio

tennis
tennis

basketbal
pêl-fasged

zwemmen
nofio

boksen
bocsio

ijshockey
hoci iâ

voetbal
pêl-droed

badminton
badminton

atletiek
athletau

handbal
pêl-law

skiën
sgïo

polo
polo

de activiteiten
gweithgareddau

lachen
chwerthin
springen
neidio
knuffelen
cofleidio
lopen
cerdded
zingen
canu
dromen
breuddwydio
bidden
gweddïo
kussen
cusanu

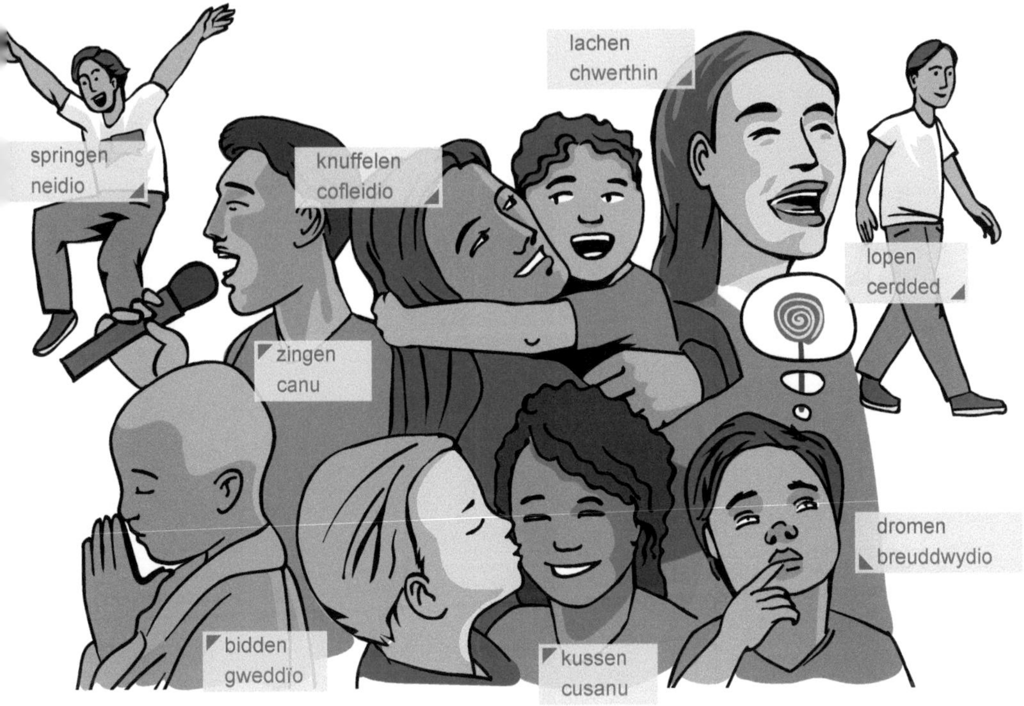

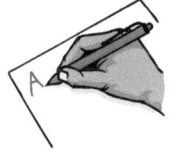

schrijven
ysgrifennu

tekenen
tynnu

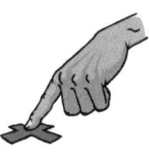

tonen
dangos

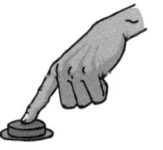

duwen
gwthio

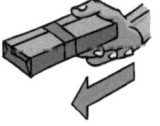

geven
rhoi

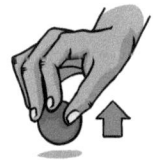

oppakken
cymryd

hebben

bod gan

doen

gwneud

zijn

bod

staan

sefyll

rennen

rhedeg

trekken

tynnu

gooien

taflu

vallen

disgyn

liggen

gorwedd

wachten

aros

dragen

cario

zitten

eistedd

aankleden

gwisgo amdanoch

slapen

cysgu

wakker worden

deffro

bekijken

edrych ar

huilen

crïo

strelen

anwesu

kammen

cribo

praten

siarad

begrijpen

deall

vragen

gofyn

horen

gwrando

drinken

yfed

eten

bwyta

opruimen

tacluso

houden van

caru

koken

coginio

rijden

gyrru

vliegen

hedfan

zeilen

hwylio

rekenen

cyfrifo

lezen

darllen

leren

dysgu

werken

gweithio

trouwen

priodi

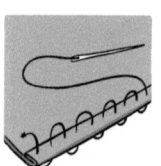

naaien

gwnïo

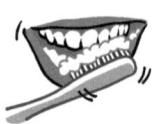

tandenpoetsen

brwsio dannedd

doden

lladd

roken

ysmygu

verzenden

anfon

de familie

teulu

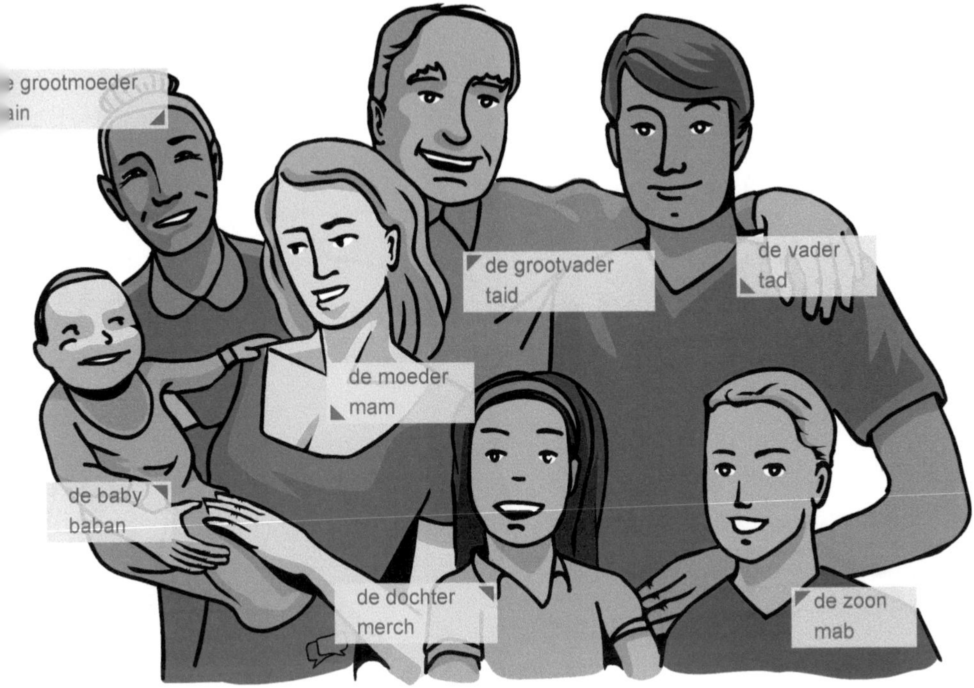
e grootmoeder
ain
de grootvader
taid
de vader
tad
de moeder
mam
de baby
baban
de dochter
merch
de zoon
mab

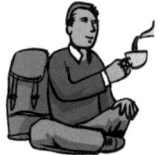

de gast

gwestai

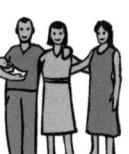

de tante

modryb

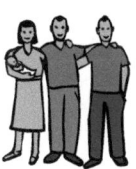

de oom

ewythr

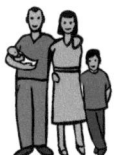

de broer

brawd

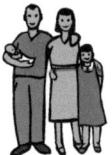

de zus

chwaer

het lichaam

corff

het voorhoofd
talcen
het oog
llygad
de schouder
ysgwydd
de vinger
bys
het gezicht
wyneb
de kin
gên
de hand
llaw
het been
coes
de borst
bron
de arm
braich

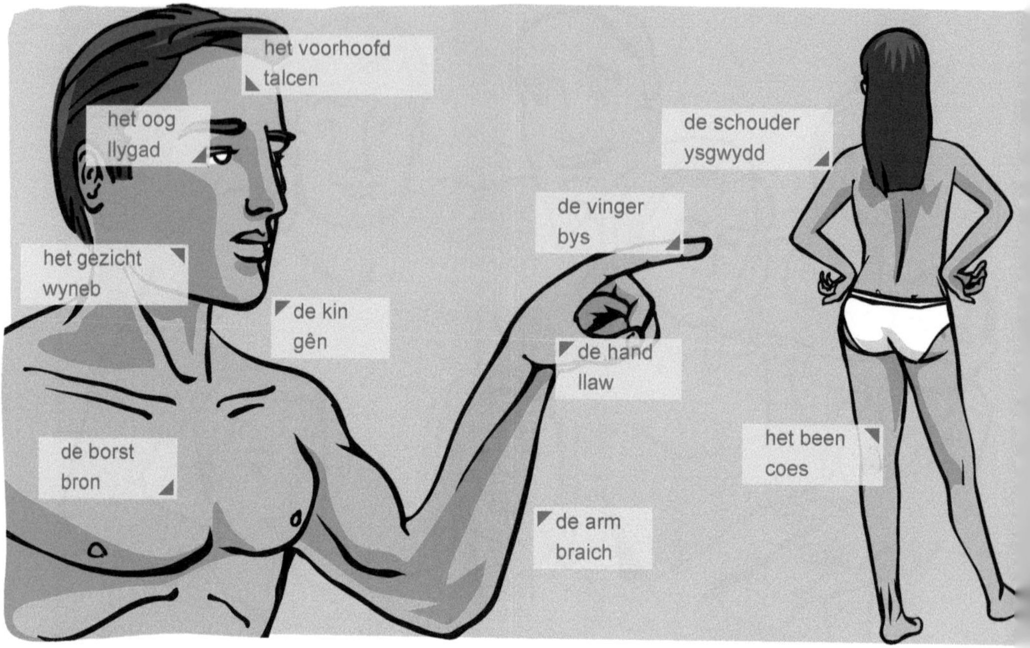

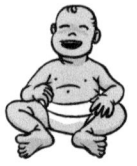

de baby
baban

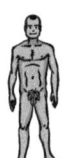

de man
dyn

de vrouw
gwraig

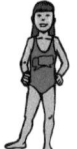

het meisje
geneth

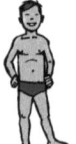

de jongen
bachgen

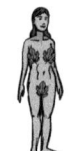

het hoofd
pen

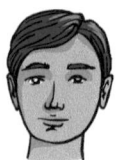

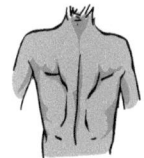

de rug

cefn

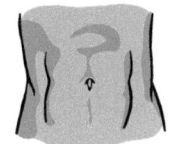

de buik

bel

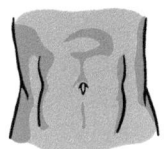

de navel

bogail

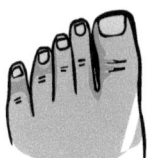

de teen

bys troed

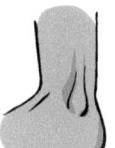

de hiel

sawdl

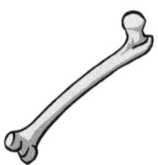

het bot

asgwrn

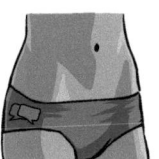

de heup

clun

de knie

pen-glin

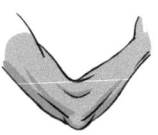

de elleboog

penelin

de neus

trwyn

het achterwerk

pen ôl

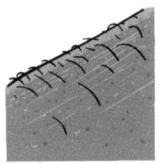

de huid

croen

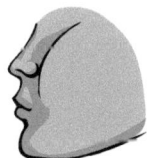

de wang

boch

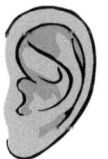

het oor

clust

de lippen

gwefus

de mond
....
ceg

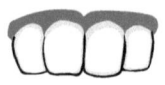

de tand
....
dant

de tong
....
tafod

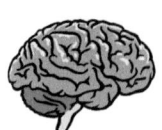

de hersenen
....
ymennydd

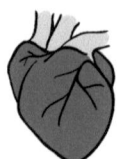

het hart
....
calon

de spier
....
cyhyr

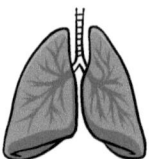

de long
....
ysgyfaint

de lever
....
iau

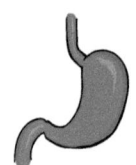

de maag
....
stumog

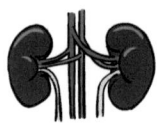

de nieren
....
arennau

de geslachtsgemeenschap
....
rhyw

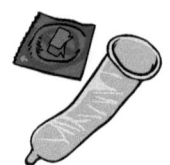

het condoom
....
condom

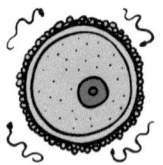

de eicel
....
ofwm

het sperma
....
semen

de zwangerschap
....
beichiogrwydd

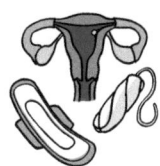

de menstruatie

mislif

de vagina

fagina

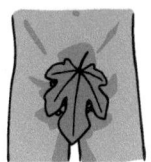

de penis

pidyn

de wenkbrauw

ael

het haar

gwallt

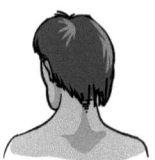

de hals

gwddf

het ziekenhuis
ysbyty

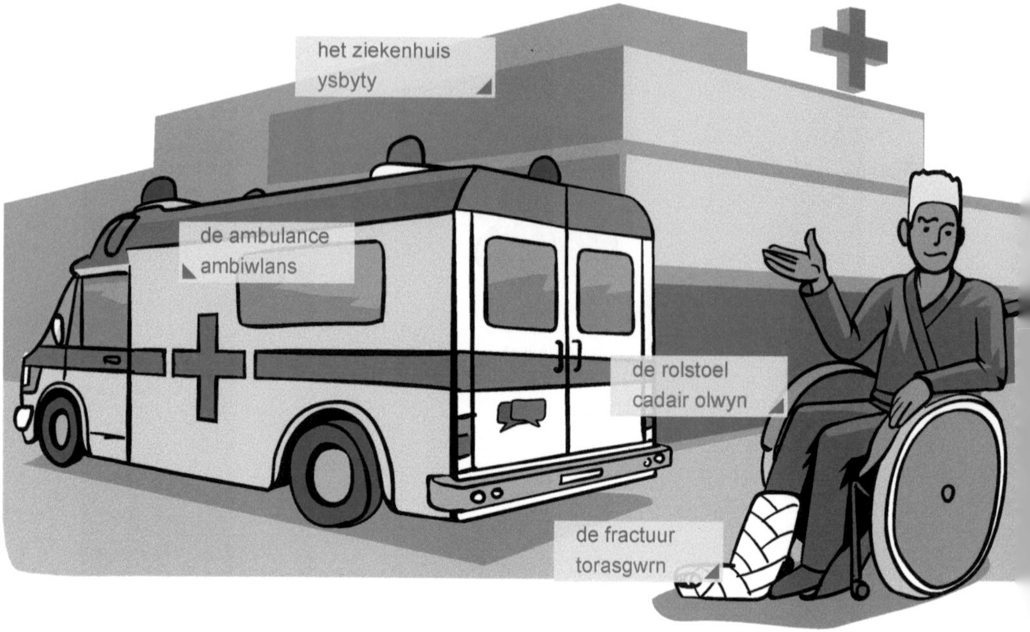

het ziekenhuis
ysbyty
de ambulance
ambiwlans
de rolstoel
cadair olwyn
de fractuur
torasgwrn

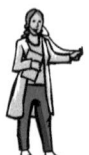

de dokter

meddyg

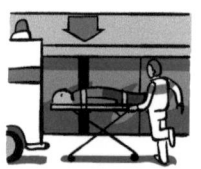

de EHBO

ystafell argyfwng

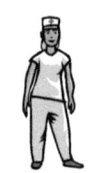

de verpleegster

nyrs

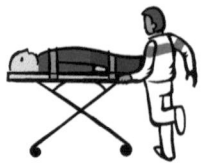

het noodgeval

argyfwng

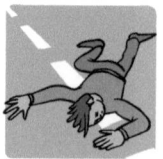

bewusteloos

anymwybodol

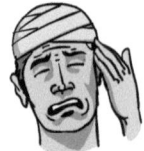

de pijn

poen

de verwonding

anaf

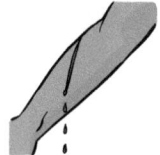

de bloeding

gwaedu

de hartaanval

trawiad ar y galon

de beroerte

strôc

de allergie

alergedd

de hoest

peswch

de koorts

twymyn

de griep

ffliw

de diarree

dolur rhydd

de hoofdpijn

cur pen

de kanker

canser

de diabetes

diabetes

de chirurg

llawfeddyg

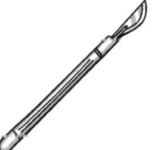

het scalpel

fflaim

de operatie

gweithrediad

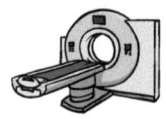

de CT

CT

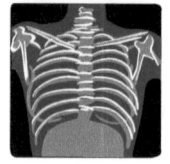

de röntgen

pelydr-x

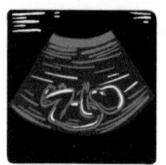

de echografie

uwchsain

het gezichtsmasker

mwgwd wyneb

de ziekte

clefyd

de wachtkamer

ystafell aros

de kruk

bagl

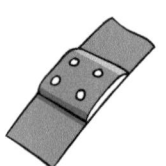

de pleister

plastr

het verband

rhwymyn

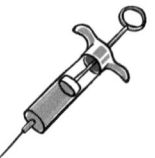

de injectie

pigiad

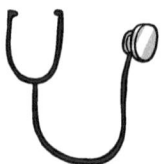

de stethoscoop

stethosgop

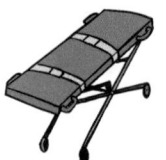

de brancard

elorwely

de thermometer

thermomedr clinigol

de geboorte

genedigaeth

het overgewicht

dros bwysau

het gehoorapparaat

cymorth clyw

het ontsmettingsmiddel

diheintydd

de infectie

haint

het virus

firws

(de) HIV / AIDS

HIV / AIDS

het medicijn

meddygaeth

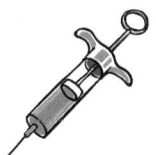

de inenting

brechiad

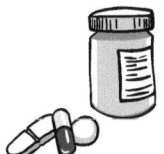

de tabletten

tabledi

de pil

y bilsen

het alarmnummer

qalwad frys

de bloeddrukmeter

monitor pwysau gwaed

ziek / gezond

yn sâl / yn iach

Help!

Help!

het alarm

larwm

de overval

ymosodiad

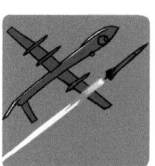

de aanval

ymosodiad

het gevaar

perygl

de nooduitgang

allanfa argyfwng

Brand!

Tân!

de brandblusser

diffoddwr tân

het ongeluk

damwain

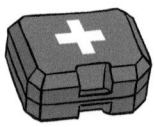

de EHBO-koffer

pecyn cymorth cyntaf

SOS

SOS

de politie

heddlu

Europa

Ewrop

Noord-Amerika

Gogledd America

Zuid-Amerika

De America

Afrika

Affrica

Azië

Asia

Australië

Awstralia

de Atlantische Oceaan

Iwerydd

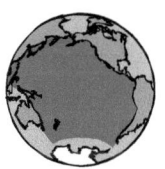

de Stille Oceaan

y Môr Tawel

de Indische Oceaan

Cefnfor yr India

de Zuidelijke Oceaan

Cefnfor yr Antarctig

de Noordelijke IJszee

Cefnfor yr Arctig

de Noordpool

Pegwn y Gogledd

de Zuidpool

Pegwn y De

Antarctica

Antarctica

de aarde

y Ddaear

het land

tir

de zee

môr

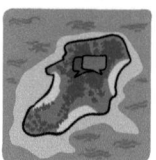

het eiland

ynys

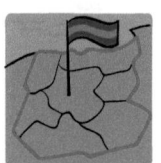

de natie

cenedl

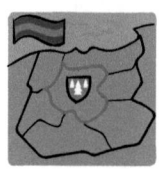

de staat

gwladwriaeth

de wijzerplaat

wyneb cloc

de uurwijzer

bys awr

de minutenwijzer

bys munud

de secondewijzer

bys eiliad

Hoe laat is het?

Faint o'r gloch yw hi?

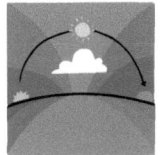

de dag

dydd

de tijd

amser

nu

yn awr

het digitaal horloge

cloc digidol

de minuut

munud

het uur

awr

de week
wythnos

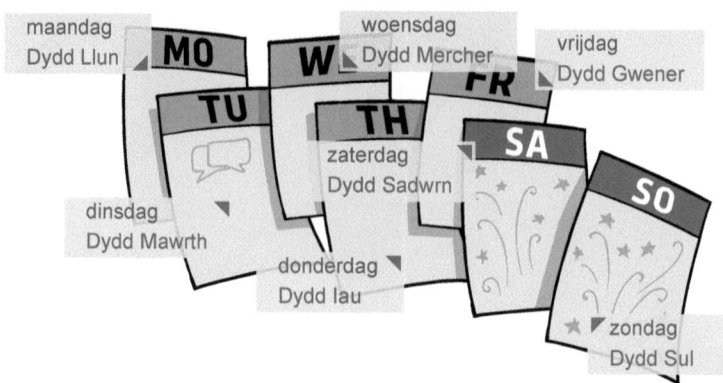

maandag
Dydd Llun

woensdag
Dydd Mercher

vrijdag
Dydd Gwener

dinsdag
Dydd Mawrth

zaterdag
Dydd Sadwrn

donderdag
Dydd Iau

zondag
Dydd Sul

gisteren

ddoe

vandaag

heddiw

morgen

yfory

de ochtend

bore

de middag

canol dydd

de avond

noswaith

MO	TU	WE	TH	FR	SA	SU
1	2	3	4	5	6	7
8	9	10	11	12	13	14
15	16	17	18	19	20	21
22	23	24	25	26	27	28
29	30	31	1	2	3	4

de werkdagen

diwrnodiau busnes

MO	TU	WE	TH	FR	SA	SU
1	2	3	4	5	6	7
8	9	10	11	12	13	14
15	16	17	18	19	20	21
22	23	24	25	26	27	28
29	30	31	1	2	3	4

het weekend

penwythnos

het jaar
blwyddyn

de regen
glaw
de regenboog
enfys
de wind
gwynt
de sneeuw
eira
het voorjaar
gwanwyn
de zomer
haf
de herfst
hydref
de winter
gaeaf

4.APRIL 11°
5.APRIL 4°
6.APRIL 13°
7.APRIL 8°
8.APRIL 10°

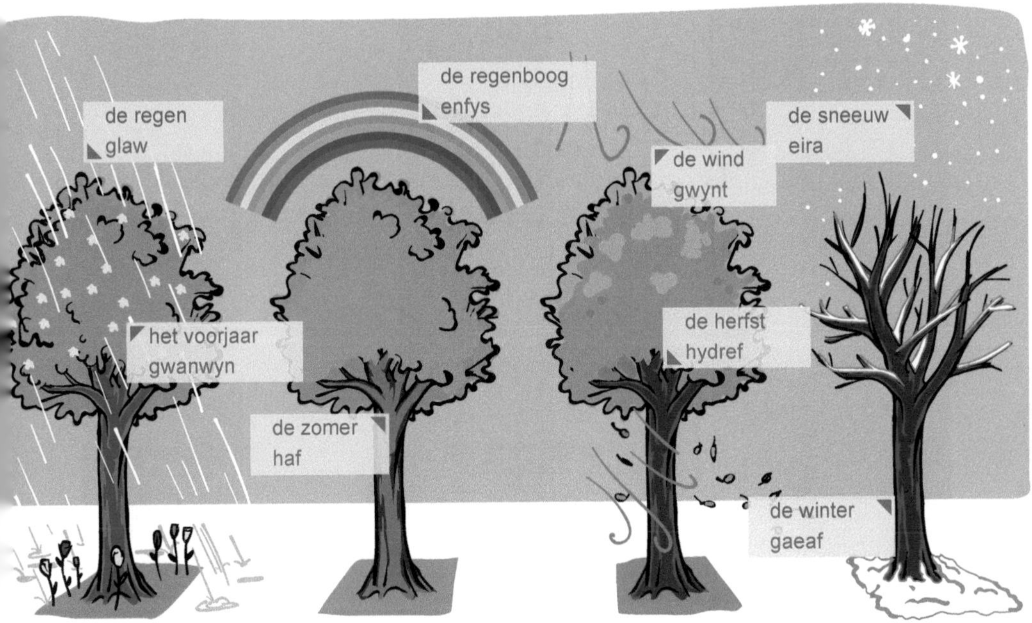

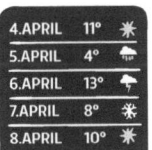

het weerbericht

rhagolygon y tywydd

F C
120 40
90 30
60 20
30 10
0 0
-30 -10
-20

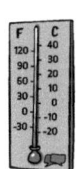

de thermometer

thermomedr

de zonneschijn

heulwen

de wolk

cwmwl

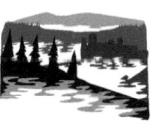

de mist

niwl tew

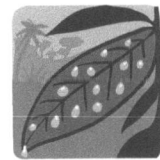

de luchtvochtigheid

lleithder

de bliksem

mellt

de donder

taranau

de storm

storm

de hagel

cenllysg

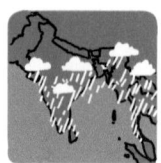

de moesson

monswn

de overstroming

llif

het ijs

iâ

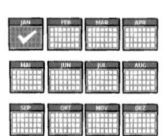

januari

Ionawr

februari

Chwefror

maart

Mawrth

april

Ebrill

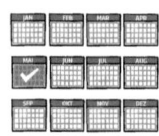

mei

Mai

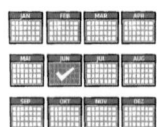

juni

Mehefin

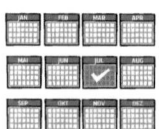

juli

Gorffennaf

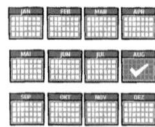

augustus

Awst

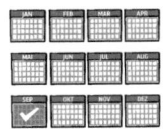

september
....
Medi

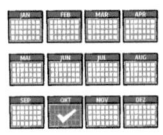

oktober
....
Hydref

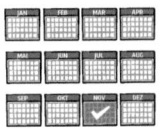

november
....
Tachwedd

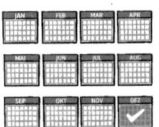

december
....
Rhagfyr

de vormen
siapiau

de cirkel
....
cylch

het vierkant
....
sgwâr

de rechthoek
....
petryal

de driehoek
....
triongl

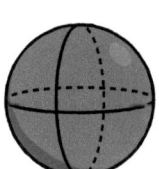

de bol
....
sffêr

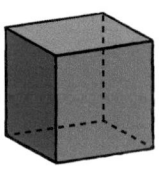

de kubus
....
ciwb

wit

gwyn

geel

melyn

oranje

oren

roze

pinc

rood

coch

paars

porffor

blauw

glas

groen

gwyrdd

bruin

brown

grijs

llwyd

zwart

du

veel / weinig

llawer / ychydig

boos / rustig

dig / tawel

mooi / lelijk

hardd / hyll

begin / einde

dechrau / diwedd

groot / klein

mawr / bach

licht / donker

llachar / tywyll

broer / zus

brawd / chwaer

schoon / vies

glân / budr

volledig / onvolledig

gyflawn / anghyflawn

dag/ nacht

dydd / nos

dood / levend

farw / yn fyw

breed / smal

eang / cul

eetbaar / oneetbaar

bwytadwy / anfwytadwy

gemeen / aardig

drwg / caredig

opgewonden / verveeld

llawn cyffro / diflasu

dik / dun

tew / tenau

eerste / laatste

cyntaf / olaf

vriend / vijand

cyfaill / gelyn

vol / leeg

llawn / gwag

hard / zacht

caled / meddal

zwaar / licht

trwm / ysgafn

honger / dorst

wedi newynnu / yn sychedig

ziek / gezond

yn sâl / yn iach

illegaal / legaal

anghyfreithlon / cyfreithiol

intelligent / dom

deallus / twp

links / rechts

chwith / dde

dichtbij / ver

agos / pell

nieuw / gebruikt

newydd / wedi'i ddefnyddio

niets / iets

dim / rhywbeth

oud / jong

hen / ifanc

aan / uit

ymlaen / i ffwrdd

open / gesloten

ar agor / ar gau

zacht / luid

tawel / uchel

rijk / arm

cyfoethog / tlawd

goed / fout

cywir / anghywir

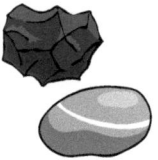

ruw / glad

garw / llyfn

verdrietig / gelukkig

trist / hapus

kort / lang

byr / hir

langzaam / snel

araf / cyflym

nat / droog

gwlyb / sych

warm / koel

cynnes / claear

oorlog / vrede

rhyfel / heddwch

0

nul

sero

1

één

un

2

twee

dau

3

drie

tri

4

vier

pedwar

5

vijf

pump

6

zes

chwech

7

zeven

saith

8

acht

wyth

9

negen

naw

10

tien

deg

11

elf

un deg un

12
twaalf
un deg dau

13
dertien
un deg tri

14
veertien
un deg pedwar

15
vijftien
un deg pump

16
zestien
un deg chwech

17
zeventien
un deg saith

18
achttien
un deg wyth

19
negentien
un deg naw

20
twintig
dau ddeg

100
honderd
cant

1.000
duizend
mil

1.000.000
miljoen
miliwn

Engels

Saesneg

Amerikaans Engels

Saesneg America

Chinees Mandarijn

Tsieinëeg Mandarin

Hindi

Hindi

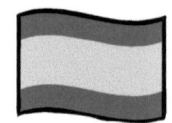

Spaans

Sbaeneg

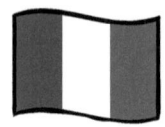

Frans

Ffrangeg

Arabisch

Arabeg

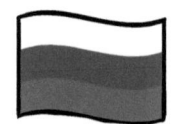

Russisch

Rwseg

Portugees

Portiwgaleg

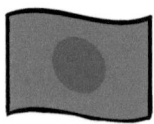

Bengalees

Bengali

Duits

Almaeneg

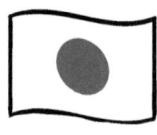

Japans

Siapanaeg

ik

fi

jij

ti

hij / zij / het

ef / hi

wij

ni

jullie

chi

zij

nhw

wie?

pwy?

wat?

beth?

hoe?

sut?

waar?

blo?

wanneer?

pryd?

HELLO, I AM

de naam

enw

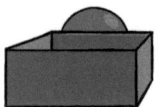

achter

y tu ôl i

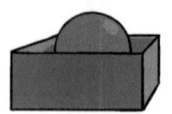

in

yn / yng / ym / mewn

voor

o flaen

boven

dros

op

ar

onder

dan

naast

wrth ochr

tussen

rhwng

plaats

lle